AF460781

CATALOGUE

DES

Beaux Dessins du XVIIIe Siècle

PROVENANT

de la Collection des De Goncourt

DES

OBJETS D'ART

Sculptures, Bronzes, Porcelaines anciennes, Faïences
Miniatures, Argenterie, Objets de vitrine. Eventails.

MOBILIER ANCIEN ET DE STYLE

Tentures, Tapis d'Orient et de la Savonnerie

ÉTOFFES ET TAPISSERIES ANCIENNES

Meubles de jardin, Harnais, Plantes

APPARTENANT

A MADAME LA COMTESSE DE PÉTHION

ET GARNISSANT SON HOTEL

21, rue du Général-Appert

OÙ LA VENTE AURA LIEU

Les Mercredi 14, Jeudi 15, Vendredi 16 et Samedi 17 Mai 1902

A 2 HEURES 1/4

Me F. LAIR DUBREUIL
COMMISSAIRE-PRISEUR
Successeur de Me DUCHESNE
6 — Rue de Hanovre — 6

M. Arthur BLOCHE
EXPERT
près la Cour d'Appel
28 — Rue de Châteaudun — 28

EXPOSITIONS

PARTICULIÈRE	PUBLIQUE
Le Lundi 12 Mai 1902	**Le Mardi 13 Mai 1902**

DE 1 H. 1/2 A 5 H. 1/2

NOTA : L'Hôtel est à vendre

LE PRÉSENT CATALOGUE SE TROUVE A

Paris	Chez M. Lair-Dubreuil, commissaire-priseur, 6, rue de Hanovre.
—	Chez M. A. Bloche, expert, près la Cour d'Appel, 28, rue de Châteaudun.
Londres	Chez M. F. Davis, 149, New Bond Street.
Rome	Galerie Sangiorgi, Palais Borghèse.
Florence	Chez M. Galli Dunn, 3, Piazza San Maria Novella.
Francfort-sur-Mein.	Chez MM. Goldschmidt, joailliers, 15, Kaiserstrasse.
—	Chez M. Altmann, 3, Am. Salzhaus.
Munich	Chez M. Bernheimer, 3, Maximilien Platz.
Amsterdam	Chez M. J. Boasberg, 63, Kalverstraat.

CONDITIONS DE LA VENTE

La vente sera faite *expressément* au comptant.

Les acquéreurs payeront en sus des adjudications *dix pour cent*.

L'exposition mettant le public à même de se rendre compte de l'état des objets, il ne sera admis aucune réclamation une fois l'adjudication prononcée.

Paris. — Imprimerie Ménard & Chaufour, *8-10, rue Milton.*

DÉSIGNATION

DESSINS DU XVIIIme SIÈCLE

PROVENANT DE LA VENTE

DES DE GONCOURT

BOUCHER (François)

— *Vénus au bain.*

Une jeune fille encore vêtue de sa chemise, du bout de ses pieds essayant l'eau d'un ruisseau dans lequel elle va se baigner; elle a le bras passé sur les épaules d'une compagne, des amours à mi-jambes dans l'eau, jouent avec un cygne.

Dessin à la pierre d'Italie.

Gravé à l'eau-forte par Huquier sous le titre ci-dessus, en tête du *Troisième livre de sujets et pastorales par* F. Boucher, *peintre du Roy* ; gravé également en fac-similé dans l'œuvre de Demarteau, n° 345, gravé par Jules de Goncourt.

BOUCHER (Attribué à F.)

2 — *Allégorie au Chant.*

Une jeune femme assise la main appuyée sur une lyre, entourée d'amours.

Dessin à la mine de plomb sur papier bleuté.

BOUCHER (Attribué à F.)

3 — *Pastorale.*

Bergère regardant sous des arbres et mettant à son chapeau une rose que lui demande un berger ; auprès d'elle une chèvre et des moutons.

Aquarelle.
A figuré à l'Exposition de l'Ecole des Beaux-Arts en 1879 sous le n° 514.

GILLOT (CLAUDE)

4 — *Bataillon d'Amours.*

Sous un drapeau deployé, marchant en bataillon, une troupe d'Amours dont chacun porte sur son petit corps nu, un accessoire ou un morceau de costume de la Comédie Italienne.

Sanguine.

GRAVELOT

5 — *Le Colin-Maillard.*

Dessin à la sanguine relevé de plume.
Signé deux fois dans la marge : H. GRAVELOT *inven.*
Gravé par MARTINET dans une série de quatre vignettes avec des vers au bas.

LE BARBIER (JEAN-JACQUES-FRANÇOIS)

6 — *La Peinture et l'histore.*

Elles immortalisent Voltaire dans le temple de Mémoire, où son portrait est accroché à une colonne par un Amour, et peint par une femme en tunique, la palette à la main. Encadrement fait d'un rameau de laurier enrubanné.

Aquarelle sur trait de plume.
Signé LEBARBIER l'aîné, 1770.

NATOIRE (Charles)

7 — *Vue de la ville d'Este.*

Au premier plan une femme agenouillée donnant à boire à des chèvres et sur le piédestal d'une louve allaitant Remus et Romulus, un homme jouant de la guitare.

Croquis à la plume lavé d'aquarelle et de gouache sur papier bleu.
Signé : Villa d'Este Maggio, 1766. C. N.

NATTIER (Jean-Marc)

8 — *Une femme à mi-corps.*

Elle est assise de face sur une chaise, le haut du corps un peu penché à droite, en train de faire de la frivolité.

Dessin sur papier bleu, à la pierre d'Italie, rehaussé de craie.
Vente Villot.

PILLEMENT (Jean)

9 — *La Passerelle.*

Un pont à l'arche de pierre rompue est remplacée par une passerelle en bois ; au premier plan, un homme monté sur un âne qu'il pousse à coups de bâton.

Dessin à la pierre noire.
Signé : J. Pillement, 1769.

PILLEMENT (Jean)

10 — *Une masure.*

Au bord d'une rivière, sur une estacade, une femme file debout, la quenouille à la main.

Dessin à la pierre noire.

SAINT-AUBIN (Gabriel de)

« *Un gribouilleur de génie dans les* « *croquis, les croquetons duquel il serait* « *possible en les gravant de reconstruire* « *une illustration du* XVIIIe *siècle* ». (Ed. de Goncourt).

11 — *Portrait d'Augustin de Saint-Aubin enfant.*

Il dort tout habillé sur un tabouret; dans le coin gauche une répétition plus étudiée du dormeur.

Dessin à la pierre noire.

Au dos, de la fine écriture d'Augustin : *Etude faite d'après nature par* Gabriel de Saint-Aubin *en 1747*, d'après son frère Augustin qui lui servait de modèle.

Gravé à l'eau-forte par Jules de Goncourt.

SAINT-AUBIN (Mlle Germain de)

12 — *Portrait de Germain de Saint-Aubin.*

L'auteur des *Papillonneries humaines*.

Mine de plomb.

Au revers du dessin on lit : Charles Germain de Saint-Aubin, dessinateur du Roy, né le 17 janvier 1721 par Mlle de Saint-Aubin, pour M. Sedaine, son amy.

SAINT-AUBIN (Attribué à Augustin de)

13 — *Portrait de femme.*

Représentée la tête renversée, les cheveux épars, les yeux au ciel, la gorge nue,à demi voilée p. r une vapeur d'encens.

Sanguine.

SAINT-QUENTIN

14 — *Le Lavoir.*

A l'ombre d'un saule, un lavoir, dans le fond une charette dételée et basculée ou jouent de petits paysans : au premier plan, à côté d'une cuve à lessive, un homme baignant des enfants.

Dessin lavé à l'aquarelle légèrement gouachée

Signé : *Saint-Quentin inv. f 1764.*

SWEBACH-DESFONTAINES (Jacques)

15 — *Vue d'un camp.*

Des fantassins et des hussards à cheval boivent, groupés autour d'une vivandière, à la porte d'une baraque transformée en cabaret.

Lavis à l'encre de Chine, sur papier verdâtre, rehaussé de blanc de gouache.

TOUZÉ

16 — *La Marchande d'œufs.*

Contre un pilier des Halles, un petit bout d'homme ridicule voulant embrasser de force une marchande, pendant qu'un enfant lui verse, par derrière, une bouteille dans sa poche.

Dessin sur papier jaunâtre à la pierre d'Italie, légèrement lavé de bistre et rehaussé de blanc.

Gravé par réduction par Hemery sous le titre : « La Marchande d'œufs ».

TOUZÉ

17 — *Le Conducteur d'ours.*

Escorté de musiciens en carrosse, un homme marchant dans la foule de la rue et tenant en laisse un ours sur lequel sont deux singes.

Dessin à la pierre d'Italie rehaussé de blanc, sur papier jaunâtre.

Gravé par Miger sous le titre de « Conducteur d'ours ».

TOUZE

18 — *Le Charlatan.*

Sur le quai, à la sortie de l'École, dans la foule des badauds, un sauvage, arrachant avec un sabre du haut de sa voiture, une dent à un patient monté sur un escabeau.

Dessin sur papier jaunâtre au crayon noir rehaussé de blanc.

Gravé par Niger sous le titre : « Le Charlatan ».

TREMOLLIÈRES (Pierre-Charles)

19 — *Enfant endormi.*

Fillette regardant un petit garçon qui dort, le ventre à l'air, sur le départ d'une rampe de parc.

Croquis au crayon noir, lavé de bistre et rehaussé de blanc sur papier bleu.

Dessin pour un panneau de lambris.

A figuré à l'Exposition de l'École des Beaux-Arts en 1879 sous le n° 513.

TRINQUESSE

20 — *Femme assise sur une chaise.*

Tenant une plume d'une main, elle est appuyée sur une table à côté d'elle.

Sanguine.

VERNET (Joseph)

21 — *Vue de la Seine en face le Palais-Bourbon.*

Le cours de l'eau est animé par des bateaux, des trains de bois, des batelets remplis de gentilhommes et de dames ; au milieu du fleuve est amarrée une frégate.

Dessin à la pierre noire.

Portant une marque inconnue.

A figuré à l'Exposition de l'Ecole des Beaux-Arts en 1879, sous le n° 669.

« Le dessin de la vue de la Seine donne bien la vraie qualité de Vernet, tra-
« ducteur très juste du soleil des pays qu'il représente, et c'est bien là le soleil
« un peu pâle de notre Paris. »

(Etude sur les dessins des maîtres anciens, exposés à l'Ecole des Beaux-Arts en 1879, par le marquis de Chennevières).

A figuré à l'Exposition rétrospective dans le Pavillon de la Ville de Paris, en 1900.

WILLE FILS (Alexandre)

22 — *Les Espérances.*

Dans une chambre, assise près d'une toilette, derrière laquelle est debout son mari, une femme examine un bonnet de nouveau-né que lui présente une lingère.

Sanguine.

Signé : P. A. Wille filius inv. del., 1767.

Ce grand dessin, d'un travail très fini, a été gravé.

VAN LOO (Carle)

22 *bis* — *Têtes de petites filles.*

Deux dessins au crayon noir légèrement pastellés.

MOBILIER

OBJETS D'ART

Rez-de-Chaussée :

VESTIBULE

23 — Grande jardinière en bois sculpté, offrant de chaque côté des guerriers en armure, panneau de fond formé d'une grande glace biseautée avec cadre à fronton représentant un trophée guerrier surmonté d'une couronne, le haut à galerie ajourée et créneaux. Style XVIIIe siècle de KRIEGER.

24 — Armoire en chêne sculpté ouvrant à deux portes, dessin à feuillages, oiseaux et moulures. XVIIIe siècle.

25 — Deux chaises en bois sculpté, le haut à chimères ailées, pieds à feuillages reliés par une traverse à mascaron, couvertes en cuir brun avec armoirie appliquée en broderie. Style XVIIe siècle.

26 — Grande banquette formant stalle, le haut à voussure en bois sculpté à créneaux, panneau de fond et coussin en velours de lin violet. Style gothique de KRIEGER.

27 — Desserte en noyer sculpté à feuillages, dessus en marbre rouge griotte, surmontée d'une grande glace biseautée avec cadre en bois sculpté. Style gothique.

28 — Deux petites lanternes disposées pour l'électricité.

29 — Deux porte-manteaux en fer forgé.

30 — Deux cache-pots en faïence émaillée jaune et rouge brique.

31 — Jardinière en terre de Boccaro, décor en relief aux dragons.

32 — ÉCOLE MODERNE. *Chevalier cosaque.*

33 — Portière en ancienne tapisserie représentant des personnages dans un paysage boisé et accidenté, avec vue de ruines et de château.

34 — Tenture murale en ancienne tapisserie, offrant de nombreux personnages, animaux et volatiles dans des paysages boisés.

35 — Tapis de Smyrne fond rouge, décor en bleu et vert, encadré de moquette rouge.

SERRE D'HIVER

36 — Grande jardinière en faïence émaillée, décor dans le goût persan en bleu et jaune.

37 — Fauteuil et chaise en bambou, couverts en étoffe brodée de Chine.

38 — Table octogonale en bois incrusté de nacre. Travail oriental.

39 — Fauteuil et chaise en bois laqué blanc couvert en soierie rayée jaune et blanc à fleurs.

40-41 — Deux porte-parapluies en bois laqué blanc foncé de canne dorée.

42 — Grand divan couvert par un tapis ancien d'Orient, dessin en polychrome à petits ornements.

43 — Ours naturalisé se tenant debout prés d'un tronc d'arbre.

44 — Petite table en bambou.

45 — Petite table en marqueterie de bois incrusté de nacre. Travail oriental.

46 — Deux grandes bouteilles en porcelaine de Kioto, décor jaune et or à volatiles et branchages, sur pied en bois sculpté et doré.

47 — Deux supports en céramique, décor en relief à personnages et guirlandes en blanc sur fond gros bleu.

48 — Jardinière forme cygne, en faïence de Gallé de Nancy.

49 — Deux supports en faïence émaillée bleut, à volatiles et branchages.

50 — Deux grandes vasques en porcelaine de Chine, décor en bleu, rouge or et vert.

51 — Porte-bouquet en faïence anglaise, émaillée bleue.

52 — Cache-pot en faience émaillée jaune, décor imitant une monture en bronze.

53 — MARIUS ROUX RENARD. *La Source.*
Beau tableau. Signé à gauche.

PETIT SALON

54 — Chaise-longue en deux parties, en bois sculpté et doré à contours fleuris, couverte en dauphine crème, brochée à bouquets de fleurs. Epoque Louis XV.

55 — Bergère en bois sculpté et doré à coquilles et feuillages, couverte en soierie crème brochée à attributs champêtres. Epoque Louis XV.

56 — Fauteuil en bois sculpté et doré couvert en dauphine crème brochée à fleurs. Epoque Louis XV.

57 — Petite table de forme contournée en bois sculpté et doré à fleurettes, dessus en glace. Style Louis XV, de JANSEN.

58 — Petit table couverte en soierie brochée à fleurs, avec tablettes en glace.

59 — Casier à musique en noyer sculpté, à colonnettes et rosaces, panneaux formés par des dos de livres.

60 — Paravent triptyque tout en satin brodé, fond jaune à grappes et feuilles de vigne, encadré et gainé de velours de lin rose.

61 — Paravent en bois sculpté et doré à perlés, fleurs et nœuds de rubans, ouvrant à trois feuilles en satin crème brodé et pailleté, celle du milieu surmontée d'une glace et celles de côté de deux gravures en couleurs. Style Louis XVI, de Jansen.

62 — Petite table en marqueterie de bois ornée de bronzes, dessus en marbre rouge griotte. Epoque Louis XV.

63 — Petite table chiffonnière, ouvrant à trois tiroirs orné de bronzes. époque Louis XV.

64 — Paire de torchères à groupes de nymphes et d'amours en bronze, portant des cornes d'abondance d'où s'échappent des bouquets de lumière en bronze doré, sur socle en porphyre, garni de bronzes doré à guirlandes de fruits et tors de laurier. Style Louis XVI.

65 — Paire de chenets en bronze ciselé et doré, représentant des aigles aux ailes déployées tenant les foudres, sur terrassements fleurdelysés.

66 — Deux enfants tenant des chalumeaux en bronze, patine verte, disposés pour l'électricité.

67 — Paire d'appliques à figures de femmes ailées et à corps de sirènes en bronze patine foncée portant des corbeilles de fruits; disposées pour l'électricité.

68 — Deux petits vases en faïence émaillée, décor gros bleu et or.

69 — Coffret en bois de violette avec fermoir en argent orné d'une turquoise talisman, de la maison Keller.

70 — Coupe-papier formé par une défense d'éléphant.

71 — Petite peinture sur porcelaine à paysage, de LACHENAL.

72 — Chimère en bronze doré.

73 — Deux coffrets en écaille et laque. Travail russe.

74 — Tapis couvrant la pièce fond vert pâle à dessins Louis XV.

75 — BONINGTON (R. P.) *Chez l'usurier.*
Aquarelle signée R. P. B.

76 — FEHDMOR (RICH.) *Lisière d'un bois, effet d'automne.*
Aquarelle. Signée à droite.

77 — LA LYRE. *Frédegonde.*
Signé.

GRAND SALON

78 — Piano à queue en bois noir, d'ERARD.

79 — Dessus de piano en soierie rouge brodé à grands branchages fleuris. Travail oriental.

80 — Vitrine en palissandre et marqueterie de bois à armoire et fleurs, garni de bronzes, gainée et avec tablettes en ancienne soierie, dessus en marbre brèche d'Alep. Style Louis XV.

81 — Canapé en noyer sculpté de style Louis XV, couvert en ancienne soierie, fond bleu brochée à grosses fleurs.

82 — Canapé en bois sculpté et doré de style Louis XV, couvert en ancienne soierie brochée à branchages fleuris et festons sur fond crème.

83 — Fauteuil analogue.

84 — Fauteuil à haut dossier en bois sculpté, pieds reliés par un croisillon, couvert en tapisserie au point et au petit point à animaux et volatiles, style Louis XIII, de Jansen.

85 — Ecran forme étendard en bois sculpté et doré de style Louis XV avec feuille en ancienne broderie de soie à fleurs et feuillage sur fond de satin crème.

86 — Chaise en noyer sculpté, foncée de canne dorée. Style Louis XV.

87 — Banquette X en noyer sculpté, couverte en ancienne soierie brochée avec passementerie et franges assorties.

88 — Berceau forme bateau en acajou, supporté par deux dauphins en bois sculpté, peint et doré, devant à tête de chérubin, porte-rideaux surmonté d'une colombe en bois doré, Ier Empire.

89 — Canapé en bois sculpté et doré à fleurs, couvert et avec coussin en velours rouge ciselé sur fond crème à petites rosaces. Style Louis XV.

90 — Beau meuble à hauteur d'appui ouvrant à deux portes en bois de palissandre et marqueterie de bois à fleurs, garni de bronzes ciselés offrant des encadrements, des cariatides d'enfants, des mascarons et des ornements. Style Louis XIV.

91 — Petite table en bois de palissandre garnie de bronzes, époque Louis XV.

92 — Table à thé en marqueterie de bois, garnie de bronzes, style Louis XV, de Jansen.

93 — Table rectangulaire, époque Louis XVI en acajou garni de filets de cuivre.

94 — Vitrine en bois peint blanc, bandeau ajouré, intérieur en satin bleu capitonné. XVIIIe siècle.

95 — Colonne en marbre avec chapiteau corinthien et base en bronze doré.

96 — Grande vasque sur trépied en céramique.

97 — Lampe de parquet en fer forgé. Style XVIe siècle.

98 — Lampe colonnette en onyx d'Algérie garnie de bronze.

99 — Petit coffret recouvert en ancienne soierie brochée.

100 — Chaise en bois sculpté et doré foncé de canne, garnie d'ancienne soierie brochée.

101 — Groupe en bronze : Enlèvement, sur socle en bronze doré. Style Louis XV.

102 — Paire de petits candélabres en bronze doré à trois lumières portées par des figurines d'enfants.

103 — Deux statuettes de bacchantes en bronze sur socles en marbre rouge.

104 — Deux statuettes en bronze : l'Amour et le Temple, socles en marbre jaune de Sienne.

105 — Petit miroir biseauté avec cadre en bois sculpté Louis XVI.

106 — Buste de Cléopâtre en marbre blanc. Signé BERTONI.

107 — Lampe en porcelaine fond gros bleu à décor d'or et émaux, monture en bronze poli dans le goût chinois.

108 — Buste de jeune fille XVIIIe siècle en marbre.

109 — Deux lampes formant aiguières en bronze ciselé et argenté à cartels de personnages et à cariatides d'amours.

110 — Lampe formée d'un vase en faïence de Delft, décor en bleu, monture en bronze de style Louis XVI.

111 — Jardinière en cuivre repoussé et argenté. Style Louis XV.

112 — Flambeau formé d'un personnage assis sur une tête de bélier en bronze argenté.

113 — Paire de petits candélabres en bronze argenté formés par des faunes, enfants tenant des rinceaux à deux lumières et posant sur des terrassements à rocailles. Style Louis XV.

114 — Lampe en céramique flambé brun rehaussé d'or, monture en bronze.

115 — Lustre en bronze ciselé et doré offrant un soleil et des têtes d'hommes. Disposé pour l'électricité.

116 — Paire d'appliques analogues.

117 — Deux chenets en bronze doré à pommes de pins sur balustrades. Style Louis XVI.

118 — Trois Porte-fleurs en verre de couleur.

119 — Applique représentant une fontaine surmontée de deux enfants accostée de deux tritons en bronze patine foncée, posant sur un socle à rocailles en bronze doré, garni de pendeloques en cristal. Disposée pour l'électicité. Modèle de Versailles de la maison Raingo.

120 — Groupe en porcelaine de Saxe : Amours forgeant des traits.

121 — Groupe en porcelaine de Saxe : le Petit déjeuner.

122 — Deux Figurines en porcelaine de Saxe : Singes, musicien et chanteur.

123 — Sonnette en porcelaine d'Allemagne.

124 — Deux Bougeoirs formés chacun par un oiseau sur un tronc en porcelaine d'Allemagne, monture en bronze.

125 — Poule et coq, hibou, chameau, chat et bouledogue en porcelaine d'Allemagne.

126 — Monture d'épée en métal ciselé à facettes. Epoque Louis XVI.

127 — Deux Porte-bouquets en porcelaine fond bleu turquoise et réserves à guirlandes de fleurs.

128 — Tasse et soucoupe en vieux Saxe, décor à fleurs en relief.

129 — Petite tasse et soucoupe en vieux Saxe, décor à fleurs.

130 — Groupe en porcelaine de Saxe : enfant dans un berceau.

131 — Eventail en nacre garni d'applications.

132 — Panneau en ancienne tapisserie : la Causerie champêtre, bordure à fleurs et feuillages.

133 — Panneau en ancienne tapisserie représentant un baptême, bordure à colonnes enguirlandées de fruits et de fleurs.

134 — Panneau en ancienne tapisserie représentant la Conversation, bordure simulant un encadrement.

135 — Décor de baies et quatre décors, de glace, de cheminée, de portes en soie crème brodée, à jardinières et guirlandes fleuries avec double-rideaux en peluche vert amende, lambrequins en broderie de soie à grands branchages sur fond pékin crème.

136 — Dessus de piano en ancien satin rouge brodé d'or, dessin à entrelacs fleuris, encadré et doublé de peluche verte garni de dentelles métalliques.

137 — Grande carpette d'Orient fond saumon crème, dessin polychrome encadré de moquette.

138 — Fantin Latour. *Roses dans un vase.*

139 — Béthune. *Les Moulins.*
Aquarelle.

SALLE A MANGER

140 — Ameublement en bois noir sculpté composé d'un grand buffet à deux corps et formant vitrine, une desserte à étagère à dessus de marbre, une table ovale et douze chaises couvertes en soierie rouge.

141 — Table desserte à crémaillère en bois noir.

142 — Petite table desservante en bois noir.

143 — Vitrine en bois noir à filets dorés, sur socle garni de tapisserie ancienne.

144 — Buffet à deux corps, le haut vitré en bois noir incrusté de filets de cuivre. Louis XIV.

145 — Cheminée en bois noir sculpté, bandeau à rinceaux feuillagés, surmontée d'une glace à fronton.

146 — Ecran en bois noir avec feuille en soierie rouge et armoirie brodée.

147 — Suspension en fer forgé à une lampe et dix bougies. Style gothique.

148 — Surtout de table composé de trois plateaux à fond de glace, monture en bronze ciselé et argenté. Style Louis XV.

149 — Paire de candélabres à six branches en bronze ciselé et argenté de style Louis XV.

150 — Paire d'appliques en fer forgé à trois lumières.

151 — Paire de candélabres à figures d'enfants en bronze patine foncée, portant des branches de laurier et posant sur des socles en bronze doré. Style Louis XVI.

152 — Deux chenêts en cuivre poli représentant des dragons ailés.

153 — Deux grandes torchères formées de vases en céramique rouge brique et jaune surmontés de bouquets de lumière en bronze doré disposées pour l'électricité et posant sur des socles en bois noir sculpté à guirlandes.

154 — Coffret en bois de violette garni de cuivre.

155 — Vase en porcelaine de Chine craquelé fin, dessin laqué à fleurs et feuillages.

156 — Grand plateau en argenture, décor à fleurs et écussons de style Louis XV.

157 — Grand plateau en argenture de Christofle.

158 — Ramasse-miettes avec brosse forme feuille de vigne en argenture de Christofle.

159 — Ecrin contenant un service de table en argenture de Christofle.

160 — Deux théières, cafetière, sucrier et flacon à thé en vieux Saxe, décor en camaïeu rose à bouquets de fleurs.

161 — Deux tasses et soucoupes en porcelaine décorée 1er Empire.

162 — Tête-à-tête en métal doré, plateau, verseuse, sucrier, pot à crème et deux tasses.

163 — Bouilloire sur pied, décor à fleurs en relief.

164 — Diverses pièces de service en argent et argenture : réchauds, légumiers, verseuse, etc.

165 — Service de table en porcelaine et verrerie.

166 — Tenture murale en ancienne tapisserie représentant Vénus et une nymphe dans un char traîné par deux lions, des personnages et animaux dans des paysages accidentés et boisés.

167 — Deux pentes en ancienne tapisserie à vases, fleurs, feuillages, draperies et écussons.

168 — Devant d'autel en moire rouge brodée de soie et d'or, offrant au centre une armoire ensoleillée. XVIIe siècle.

169 — Tapis de table en velours rouge garni d'applications de galon d'or à grands ramages, doublé de peluche. XVIIe siècle.

170 — Deux grands rideaux en damas de soie rouge, garnis de franges dorées.

171 — Tapis de la Savonnerie fond rouge, bordure à fleurs.

ESCALIER

172 — Statuette d'enfant agenouillé tenant une torche, en bois sculpté, disposée pour le gaz. XVIIe siècle.

173 — Trois panneaux en imitation de tapisserie à personnages et paysages.

174 — Deux portières analogues encadrées et doublées de peluche rose.

175 — Banquette en noyer sculpté, style Louis XVI, couverte en soierie ancienne.

176 — Caqueteuse en noyer à haut dossier sculpté à tête de guerrier et feuillages, fronton à armoirie.

177 — Table en bois de luxe garni de bronze, dessus en soierie brochée avec tablette en glace.

178 — Coffre en bois sculpté à trophées de carquois et torches enflammées suspendus à des nœuds de ruban. Louis XVI.

179 — Porte-manteau en bois sculpté. Style gothique.

180 — Cassolette en porcelaine du Japon, décor polychrome, monture en bronze de style Louis XV.

181 — Porte-cannes et parapluies en porcelaine du Japon, décor en bleu.

182 — École Moderne. *Pots de chrysanthèmes et bourriche de giroflées.*

183 — Gustel Bourrée. *Pivoines rouges et roses.*

Signé à droite.

184 — Tapis couvrant les marches en thibaude recouverte de toile grise, avec toile de rechange.

Premier étage :

BOUDOIR

185 — Joli canapé en bois sculpté et doré à feuilles de laurier et d'acanthe, pieds à feuillages, devant à guirlandes de roses, couvert et garni en satin bleu brodé de croisillons blancs offrant sur le dossier et sur les sièges des allégories aux fables de La Fontaine en broderie de soie au point de chaînette, encadrés de fleurs. Style Louis XVI, de Jansen.

186 — Fauteuil de même facture.

186 *bis* — Grande et belle glace en bois sculpté peint blanc et or à trophée et guirlandes. Style Louis XVI.

187 — Marquise en bois sculpté, dossier à caisson, dessin corbeille fleurie, feuillages et nœuds de ruban, accotoirs à têtes de béliers, couverte en soierie crème rayée brodée au point de chaînette, à gerbe et corbeille fleuries au milieu de guirlandes de roses. Style Louis XVI, de Jansen.

188 — Chaise en bois sculpté et doré, dossier à galerie, siège couvert en soierie brochée fond crème à bouquets de fleurs et nœud de ruban. Style Louis XVI.

189 — Banquette à dossier bas en bois sculpté et doré. couverte en ancienne soierie fond crème. Style Louis XVI.

190 — Vitrine en bois de violette garnie de bronzes finement ciselés, bandeau du haut offrant un petit bacchus porté par deux petits faunes au milieu de guirlandes fleuries, le bas offrant un médaillon représentant deux colombes au milieu d'entrelacs feuillagés, intérieur et fond en glace, dessus en marbre brèche violette. Style Louis XVI, de Jansen.

191 — Console d'angle en bois sculpté et doré, bandeau à rosaces fleuries et nœud de ruban retenant une couronne et des guirlandes de fleurs se reliant aux pieds en forme de cornes d'abondance, dessus en onyx d'Algérie. Style Louis XVI.

192 — Petite table ronde avec tablette d'entrejambe en acajou, garnie de bronzes à têtes de béliers sur gaines, dessus en marbre brocatelle d'Espagne. Style Louis XVI.

193 — Table à ouvrage toute couverte en soierie brochée et garnie de galons anciens.

194 — Petite table en bois de violette et palissandre, avec tablette d'entrejambe, sabots en bronze. Epoque Louis XV.

195 — Table support en bois sculpté et doré, pied formé par un dauphin au corps enroulé, dessus en marbre d'Egypte.

196 — Garniture de cheminée en marbre blanc et bronze doré, composé d'une pendule forme lyre avec cadran entouré destrass, de deux candélabres forme vases à bouquets de roses à cinq bougies. Style Louis XVI.

197 — Assiette en ancienne porcelaine de Sèvres, décor aux amours et fleurs sur fond bleu turquoise.

198 — Encrier forme arbuste en bronze garni de fleurs en ancienne porcelaine de Saxe posant sur un terrassement en bronze doré sur lequel se trouvent une statuette et deux godets en porcelaine de Saxe.

199 — Coupe à bonbons à deux compartiments, en argent anglais.

200 — Deux vases en porcelaine de Sèvres offrant des médaillons à trophées de musique sur fond gros bleu, monture en bronze.

201 — Boite à biscuits en porcelaine blanche, couvercle en métal doré.

202 — Petite boîte ronde en soierie ancienne, couvercle orné d'une gravure portrait de femme.

203 — Sonnette en argent.

204 — Eventail en écaille blonde avec plumes blanches.

205-206 — Deux miniatures sur ivoire, portraits de jeunes femmes Louis XVI.

207 — Statuette et trois plaquettes en ivoire.

208 — Lot de boutons en strass.

209 — Trois pièces bijoux orientaux.

210 — Douze boutons petites peintures d'après Boucher.

211 — Ecuelle en porcelaine, décor à fleurs, bordure bleu et or.

212 — Pierre curieuse contenant de l'eau, montée en broche.

213 — Chaise en faïence, décor à personnages.

214 — Décors de baie, de deux fenêtres et d'une porte en soierie bleu clair brochée à médaillons d'amours et festons fleuris en blanc argent, encadrement de la baie et galeries des fenêtres en bois sculpté et doré à feuillages, guirlandes de fleurs et corbeille fleurie.

215 — Tapis fond gris argent à dessins Louis XVI, petites couronnes de roses.

216 — Rossi (D'après). *L'Indiscret.*

Gravure en couleur. Edition de Goupil.

PREMIÈRE CHAMBRE A COUCHER

217 à 224 — Très bel ameublement de chambre à coucher en bois sculpté et doré, de style Louis XV, décoré au vernis dit de Martin, offrant des médaillons à sujets d'après Watteau, composé :

D'un lit de milieu ; une grande armoire ouvrant à une porte, servant d'enveloppe pour coffre-fort ; un bahut ouvrant à deux portes à dessus de marbre ; une commode ouvrant à trois tiroirs, surmontée d'une étagère avec glace et dessus de marbre ; une table de nuit dessus en marbre ; une psyché avec glace biseautée, une table avec tablette en glace ; une table à étagères ; une table rognon garnie de bronzes.

225 — Table à volets en marqueterie de bois garnie de bronze. Style Louis XV.

226 — Table à jeu tout en velours de lin, garnie de galons anciens.

227 — Table à ouvrage en velours de lin, dessus en soierie rayée avec tablette en glace.

228 — Grand divan couvert par un tapis fond rose.

229 — Table couverte en soierie garnie de franges.

230 — Chaise en bois sculpté et doré couverte en soierie brochée fond rose. Style Louis XV.

231 — Chaise en noyer sculpté à fleurs et feuillages, foncée de canne dorée. Style Louis XV.

232 — Tapis de table en broderie de soie au point de Hongrie, dessin à ramages.

233 — Porte-parapluies en bois peint blanc, foncé de canne dorée. Style Louis XVI.

234-235 — Deux glaces avec cadre en faïence italienne.

236 — Paravent garni d'étoffe orientale.

237 — Coffret à couvercle bombé garni d'étoffe ancienne.

238 — Deux lampes formées de vases en faïence de Delft côtelée, monture bronze de style Louis XVI.

239 — Porte-photographies forme écusson en ancienne soierie.

240 — Ecuelle en porcelaine décor à fleurs.

241 — Icone russe : la Vierge et l'Enfant.

242 — Deux amours en bois doré.

243 — Tenture de la chambre en velours de lin mauve.

244 — Couvre-lit en soierie ancienne, fond fleur de pêcher brodée d'or et de soie à grandes fleurs, encadré et doublé de peluche, garni de dentelles métalliques.

245 — Tapis en moquette chaudron uni.

246 — La Lyre. *L'Amour blessé, entouré de nymphes.*
Signé

CABINET DE TOILETTE

247 — Belle armoire en bois sculpté et peint vert ouvrant à trois portes ornée de glaces, le haut à guirlandes de fleurs, fronton à coquille. Style Louis XV, gainée de satin rose, de la maison Duval.

248 — Toilette à dessus de marbre de même travail.

249 — Cheminée surmontée d'une glace, de même style.

250 — Fauteuil en bois sculpté, foncée de canne, avec coussin en soierie. Epoque Louis XIV.

251 — Deux chaises en bois sculpté peint vert, dossier à branchages.

252 — Tabouret de pied en bois sculpté et doré couvert en soierie ancienne.

253 — Paire de grandes appliques en bronze ciselé et doré, modèle à rocailles feuillagées. Style Louis XV.

254 — Socle d'applique en porcelaine de Saxe à fleurs en relief.

255 — La Lyre. *L'Étoile du Berger.*

256 — Jeu de cinq boîtes à poudre de riz, à crème, etc., en cristal, monture en métal anglais argenté.

257 — Deux boîtes à biscuit en cristal garni de métal argenté.

258 — Boîte à bonbons en cristal garni de métal argenté.

259 — Deux vaporisateurs en cristal taillé.

260 — Deux cornets en cristal à côtes tournantes, sur pied en bronze argenté.

261 — Décor de fenêtre en lampas vert pâle avec double rideau en soie rose.

262 — Décor de porte en lampas rose et velours rose, garni de passementerie et galons assortis.

263 — Tapis fond vert à dessins Louis XV.

264 — Tapis fond vert pâle à fleurs.

SALLE DE BAIN

265 — Baignoire nickelée supportée par des dauphins, de la maison PORCHER.

266 — Bahut ouvrant à deux portes en bois sculpté et peint, dessin à rocailles et guirlandes de fleurs. Style Louis XV.

267 — Banquette en bois laqué blanc, foncée de canne.

268 — Deux appliques à deux lumières en bronze orné de fleurs en porcelaine de Saxe, disposées pour l'électricité.

269 — Applique à trois lumières en bronze avec groupe d'enfants en porcelaine de Saxe, sur socle en bronze.

270 — Carpette fond vert pâle.

Deuxième Etage :

SALON

271 — Ameublement en bois sculpté peint blanc foncé de canne, avec coussins en soierie rayée jaune et blanc, composé d'un canapé et de deux fauteuils. Style Louis XVI.

272 — Petit bahut tout recouvert de soierie ancienne.

273 — Table à crémaillère en bois laqué blanc et filets roses.

274 — Table à coiffer à étagère avec glace en bois laqué blanc.

275 — Glace avec encadrement en velours de lin vert.

276 — Décor de fenêtre et d'une porte en étoffe de soie rayée vert et crème à bouquets de fleurs.

277 — Rideau de fenêtre en soie chaudron, relevé à l'italienne.

278 — Tapis en moquette rouge.

279 — École Moderne. *Bords du Volga*.

DEUXIÈME CHAMBRE A COUCHER

280 — Ameublement de chambre à coucher en noyer sculpté à mascarons, galeries et cornes d'abondance, de style Renaissance, composé d'un lit de milieu, d'une armoire à glace biseautée et d'une table de nuit.

281 — Toilette à dessus de marbre rouge.

282 — Canapé couvert en étoffe genre oriental.

283 — Porte-manteau en bois courbé de Thonet.

284 — Commode en bois de violette marqueté, garnie de bronzes, dessus en marbre rouge griotte. Epoque Louis XV.

285 — Cheminée en velours de lin et étoffe orientale.

286-287 — Deux glaces avec encadrements en velours de lin grenat.

288 — Buste en terre cuite teintée : Arabe, signé Masse.

289 — Deux lampes formées de bouteilles en porcelaine, fond rouge, décor en or aux dragons.

290 — Lampe colonne en cristal, garniture cuivre.

291 — Décor de la chambre en velours et étoffe orientale.

292 — Couvre-pied en satin rouge capitonné.

293 — Tapis en moquette rouge.

TROISIÈME CHAMBRE A COUCHER

294 — Grand lit en cuivre.

295 — Grand meuble en bois laqué blanc à filets rose formant commode, au milieu surmontée d'une glace et flanquée de chaque côté d'une armoire à glace. Style Louis XVI.

296 — Toilette en bois laqué blanc à filets rose, surmontée d'une étagère avec glace. Style Louis XVI.

297 — Lit d'enfant en cuivre laqué rose.

298 — Petit bureau en bois laqué blanc, dessus à galerie.

299 — Guéridon en bois laqué blanc.

300 — Deux chaises en bois laqué blanc à filets roses. Style Louis XVI.

301 — Deux étagères en bois laqué blanc à petits rideaux roses et verts.

302 — Banquette X en bois laqué blanc.

303 — Sèche-serviette en bois laqué blanc.

304 — Table de nuit en bois laqué blanc.

305 — Porte-manteau en bois recourbé laqué blanc.

306 — Canapé couvert en étoffe genre orientale.

307 — Glace avec cadre en bois laqué blanc à filets rose.

308 — Statuette en faïence émaillée : la Paysanne.

309 — Groupe en biscuit : Jeune femme se coiffant.

310 — Amour en bois sculpté et doré.

311 — Quatre rideaux en cretonne rayée rose.

312 — Dessus de lit en soierie brochée fond rouge.

313-315 — Plusieurs carpettes.

316 — Lewis (d'après Max). *Scènes d'enfants.*
Deux gravures.

QUATRIÈME CHAMBRE A COUCHER

317-321 — Ameublement en pitchpin orné de peintures à fleurs et oiseaux composé d'un lit, d'une armoire à glace, une table de nuit, une toilette à dessus de marbre, une table avec tablette en glace, un bidet et deux chaises.

322 — Deux rideaux, tablette de cheminée et portière en cretonne peinte.

LINGERIE

323 — Grande et belle armoire, en chêne finement sculpté ouvrant à deux portes, deux médaillons à lyres. feuillages, perlés et encadrements à rais de cœur, fronton à corbeille fleurie, corniche à feuilles d'acanthe et godrons. Epoque Louis XVI, gainée de satin rouge et garnie de dentelle russe.

324 — Armoire en chêne sculpté, dessin à corbeille fleurie sur console, ouvrant à deux portes. Epoque Louis XVI, gainée de satin rouge et garnie de dentelle russe.

325-327 — Trois grandes armoires à linge et à robes, gainées de cretonne rouge.

328 — Grande table renfermant une planche à repasser en chêne avec tiroirs dans le bas.

329 — Porte-manteau en bois courbé de THONET.

330 — Deux chaises, dossier à galerie, foncée de canne.

331 — Cheminée Choubersky.

332 — Poêle roulant Choubersky.

ÉTOFFES ANCIENNES

333 — Dessus de calice en soierie crème brodée de soie, décor à fleurs avec dentelles d'or.

334 — Dos de chasuble en soie bleutée, brodée de soie et d'or à grands ramages fleuris. XVIIIe siècle.

335 — Bandeau en soierie brochée d'or, d'argent et de soie, dessin à bouquets de fleurs. XVIIIe siècle.

336 — Deux manches en brocart d'argent. XVIIIe siècle.

337 — Ceinture et cravate russes en soie rouge brodée.

338 — Deux pentes en ancienne broderie de soie à guirlandes de fleurs appliquée sur fond de peluche réséda.

339 — Nombreuses pièces d'étoffes et soieries anciennes.

340 — Tentures en soierie, peluche et velours.

341 — Coussins en soierie, broderie et ornés de peintures.

342 — Dessus de table en soierie ancienne.

343 — Lot de passementerie, franges, galons anciens.

344 — Lot de morceaux de tapisserie ancienne.

345 — Robe ancienne en soierie brochée d'or. Afghanistan.

346 — Plusieurs nappes et napperons anciens garnis de galons d'or, brochés de soie et lamés d'or.

347 — Chemise algérienne en soie.

348 — Chemise roumaine en crêpon brodé.

349 — Deux corsages en pékin crème brodé Louis XVI.

350 — Devant d'autel en moire crème brodée de soie et d'or à entrelacs fleuris et soleil. XVIIIe siècle.

351 — Dessus de calice en soie blanche brodée d'or et de soie, décor à guirlandes de vigne. XVIIIe siècle.

GARDE-ROBE

352 — Nombreux vêtements, robes, corsages, jupes, etc., de ville et de soirée.

353 — Manteaux, collets, manchons en fourrure.

LIVRES

354 — Nombreux volumes reliés et brochés parmi lesquels: les œuvres de Rabelais, édition Garnier frères, illustrations de Gustave Doré; Paris, par Aug. Vitu; Flirt, par Hervieu; le xixe siècle, par Robida, etc.

355 — Partitions reliées et non reliées.

CHAMBRES DES DOMESTIQUES

356 — Lits de fer, commodes, tables, sièges.

ÉCURIE

357 — Harnais en cuir noir verni, garniture en vermeil.

358 — Quatre paires de bottes de cocher.

359 — Deux manteaux de cocher en caoutchouc.

360 — Deux manteaux de cocher en drap garni d'astrakan.

JARDIN

361 — Statuette d'enfant en fonte bronzée représentant un enfant triton assis sur un dauphin, posant sur un piédestal ornementé.

362 — Quatre grands vases en fonte émaillée et faïence.

363 — Guéridon en fer.

364 — Deux chaises en fer.

365 — Ameublement en bois vert d'eau Trianon.

366 — Ameublement analogne sur la terrasse.

367 — Objets omis.

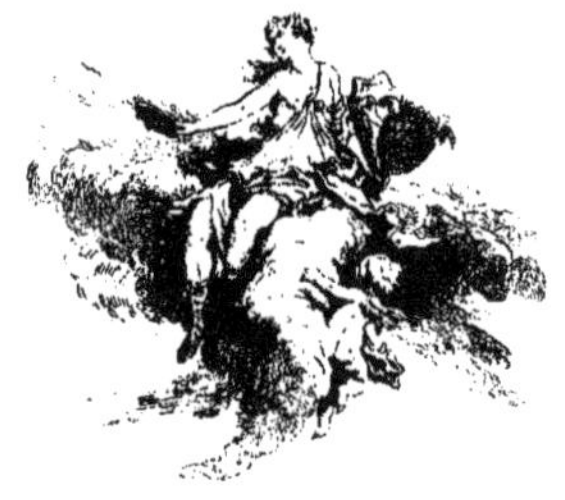

www.ingramcontent.com/pod-product-compliance
Ingram Content Group UK Ltd.
Pitfield, Milton Keynes, MK11 3LW, UK
UKHW021038180726
13838UKWH00004B/1869